CONVERSATIONS

DU

VIEILLARD DE VICHI.

A PARIS,

De l'Imprimerie des SANS-CULOTTES, Rue Honoré, N.º 20.

AN II. DE LA RÉPUBLIQUE.

CONVERSATIONS
DU
VIEILLARD DE VICHI.

PREMIÈRE PARTIE.

Sur l'ame des enfans, et les vertus sociales.

PREMIÈRE CONVERSATION.

Le Municipal .... Bon jour, notre doyen. C'est aujourd'hui décadi ; nous avons le tems de causer. Il y a quelque chose qui nous fait bien de la peine : nous voudrions bien avoir des moyens surs de faire de nos enfans de braves gens, de bons travailleurs.

Il y en a que nous ne pouvons contenir, qui prennent en mauvais sens le mot de liberté. Ils savent que bientôt ils ne dépendront plus de nous en rien : ils se moquent de ce que nous disons. Ceux là gâteront les autres. Ces idées se prennent aisément. Naturellement on n'aime pas à travailler. On ne veut faire que ce qu'on veut; voilà l'homme.

Notre doyen, il faudroit bien que les gens sages cherchassent le moyen de remedier à ce mal.

Le vieillard de Vichi.... Le meilleur moyen est qu'ils sentent eux-mêmes que leur façon de penser leur nuira; qu'ils ayent dans le cœur l'envie d'être un jour des hommes estimables, de bons citoyens; de remplir leurs devoirs. Il faut, notre municipal, que cela vienne d'eux.

Le municipal.... Tout comme vous voudrez, notre doyen. La liberté est une très bonne chose; c'est le plus beau présent que nos représentans nous ayent fait; mais il ne faut pas que nos enfans en abusent jamais: nous la perdrions. Ne nous a-t-on pas dit, qu'un peuple qui abuse de sa liberté, est bientôt soumis, vaincu, perdu?

Le Vieillard.... L'abus du pouvoir, le despotisme produit la liberté; l'abus de la liberté reproduit le despotisme: voilà le cercle des choses humaines.

Notre municipal: il y avoit un petit bossu, dont l'esprit étoit fort droit. Il étoit sans-culotte, mais non pas comme nous; car il étoit esclave. Il y en avoit alors.

Il étoit facétieux; il s'appelloit Ésope.

Son maitre avoit un repas à donner à ses amis; il lui dit: vas au marché; achêtes moi tout ce qu'il y a de meilleur: il me faut cinq ou six plats.

Ésope va au marché, et rapporte à son maitre cinq ou six plats de langues. *Le maitre*.... butor... que veux-tu que je fasse de toutes ces langues?.. *Ésope*: ne m'avez-vous pas dit de vous apporter tout ce qu'il y a de meilleur? Y a t-il rien de meilleur qu'une bonne langue? elle persuade le bien, console dans le malheur etc. Je vous ai apporté de bonnes langues. Le maitre finit par rire, et l'on fit des langues ce que l'on put.

Quelques jours après le maitre devoit avoir à diner un ami qu'il traitoit sans façon, il dit à son esclave: vas au marché, et pour cette fois ci, apporte moi, si tu veux, tout ce qu'il y a de pire. Le maitre disoit en lui-même: nous verrons comment il s'y prendra.

Esope n'apporta encore à son maitre que des langues.

Les langues dit-il à son maitre, sont aussi ce qu'il y a de plus mauvais : Rien de pire qu'une mauvaise langue.

Le fer est très utile pour nous défendre ; il est très dangereux. Les meilleur choses sont les pires, si l'on en abuse.

Ainsi, notre municipal, en inspirant à nos enfans un grand amour pour la liberté, il faut leur inspirer la crainte d'en abuser.

Mais il faut plus ; il faut leur faire aimer leurs devoirs. S'ils sont des enfans soumis à leurs pères, ils apprendront à l'être aux autorités, qui sont nos seconds pères. S'ils aiment le travail, ils feront avec soin ce dont ils seront chargés.

Le municipal.... Aimer le travail, voilà le difficile : l'homme craint la peine, il hait tout ce qui le gêne. Comment feriez vous pour lui faire aimer tout cela ?

Le vieillard.... Mon ami. dans l'enfance notre ame est de la cire molle ; elle prend toutes les formes que l'on sait lui donner.

Les enfans de Sparte étoient accoutumés à se faire battre, pour avoir le plaisir de montrer qu'ils ne craignoient pas la douleur. Il y en avoit qui tomboient sous les coups, sans avoir, je ne dis pas jetté un cri, mais même un soupir. Les mères étoient glorieuses d'avoir de tels enfans.

Le Municipal.. Morgué quels hommes ils devoient faire quand ils étoient devenus des hommes. Est-ce que leurs ennemis pouvoient les battre. Deux douzaines de ces mâles là, devoient valoir mieux qu'un millier d'autres.

Le Vieillard.... Leurs descendans sont encore indomptés ; aujourd'hui que tout est soumis dans le pays qu'ils habitent, que toute est esclave autour d'eux, le Turc, avec toute sa puissance, ne peut leur faire faire que ce qui leur plait.

Le Municipal.... Morgué, notre doyen, vous seriez bien habile si vous nous faisiez de ces hommes là.

Le Vieillard... Non seulement j'en ferai, mais je

donnerai le moyen à tous les instituteurs pour en faire; et pour peu qu'ils ayent de bonne volonté, ils ne manqueront guère leur but.

L'instituteur.... Ma foi, je ne suis pas des plus ineptes, j'ai même étudié pour être prêtre, mais, malgré cela, je serois bien embarrassé.

Le Vieillard.... Mes amis, il est un art secret que les enfans ne verront pas, que des instituteurs peut-être ne verront guères, et par lequel on peut porter les enfans, non seulement à l'amour de toutes les vertus sociales, mais même à l'enthousiasme, à la fureur de ces vertus; et cela leur restera toute leur vie.

Remarquez que les enfans sont susceptibles d'une vivacité, d'une impétuosité plus grande, que les hommes faits; leur ame est très facile à agiter, à ébranler.

Cela vient de l'état phisique de leur corps. Le sang circule dans leurs veines plus vite que dans les nôtres. Leur poulx bat presque un quart plus vîte, que celui d'un homme fait. La foiblesse de leurs fibres, le peu d'épaisseur, et la souplesse de tous les vaisseaux qui contiennent ces liqueurs motrices, cèdent plus facilement que les nôtres à leur impulsion.

Deux choses résultent de l'état de l'enfance: d'une part, une ame facile à ébranler, à enflamer; un rien les émeut; d'autre part, une grande foiblesse de fibres, qui rend leur esprit peu disposé à retenir et concevoir. Ceci influe sur leur entendement: nous parlerons après de cette partie d'eux-mêmes, qu'il faut bien connoitre et savoir manier, si l'on veut y faire entrer facilement les notions et les idées qu'on a envie de leur donner.

Beaucoup de facilité pour les agiter.

Beaucoup de difficulté pour les instruire.

Ne nous occupons dans ce moment que de leur ame.

Il y a trois moyens surs de leur donner l'enthousiasme, la passion de la vertu.

Le premier consiste dans des jeux publics, les jours de décade: c'est le plus grand moyen: je vous développerai mon idée.

Le second, la gloire, l'honneur, des prix distribués publiquement devant un grand concours de spectateurs.

Il faut couronner, non pas seulement le plus fort,

mais le plus généreux, le plus juste, le plus sage etc. Ce seront des prix différens.

La Grèce a eu ses jeux olimpiens, la France auroit ses jeux décadiens. Mais la France plus grande, plus heureuse, régénérée par des législateurs plus éclairés, auroit un avantage sur la Grèce. Celle-ci n'établit des prix, que pour les exercices du corps, nous en aurions pour les mœurs.

Je l'espère : tel a été l'objet de la pétition que j'ai formée à la convention le 8 nivos dernier. Elle a été accueillie ; la convention décreta la mention honorable et l'insertion au bulletin.

Le 3.me moyen pour exciter les enfans, consiste dans les exemples qu'on leur cite ; il faut savoir les mettre devant leurs yeux d'une manière vive, frappante, animée, qui les transporte, qui les entraine.

Les jeux sont sans contredit le plus grand moyen de faire ce que l'on veut de leur ame, de les mettre, pour ainsi dire, en fusion : on les moule alors, comme l'on veut.

Remarquez que dans ces jeux, dans ces exercices publics, le desir de briller, de passer leurs concurrens, développe nécessairement dans eux tous les mouvemens de l'ame, la jalousie, la ruse, la violence, l'orgueil, la colère. Donc ils fournissent l'occasion de les habituer à toutes les vertus sociales ; bonne foi, complaisance, modération, générosité, grandeur d'ame, mépris de la rigueur des saisons, de la douleur corporelle, courage, intrépidité dans le danger ; vous verrez comment je m'y prendrai.

Il n'est question que de profiter de tous les mouvemens de ces jeunes ames, pour y jetter le germe des vertus, et y étouffer celui des vices.

Ces jeux étant publics, animés par des prix, l'émulation, le concours des spectateurs, le plaisir de la gloire, l'agitation du corps donne à leur sang une impétuosité qui se communique à leur ame, tandis que le plaisir les dispose à écouter ce qu'on leur inspire.

Cette génération qui verse tous les ans un million d'êtres dans la Société, remontera sans cesse le premier ressort d'une république. Vous savez que c'est la vertu.

Pour leur donner cette impulsion vive, tout dépend de la manière dont ces idées leurs seront présentées.

Nous ne pouvons rien faire aujourd'hui. Mais il faut tout préparer pour que nous puissions commencer décadi prochain.

Le Municipal.... Morgué bien dit, notre doyen. On ne sauroit commencer troptôt à faire d'honnêtes gens. Depuis cinq ans on n'a presque rien fait que des discours.

Le Vieillard.... On a été occupé de mille objets majeurs. D'ailleurs c'est à nous à faire, l'impulsion est donnée, allons.

Le Municipal.... Notre doyen, il y a les jours de décade des discours et des amusemens pour les grandes personnes, pourquoi n'y en auroit-il pas pour les enfans? Il en faut qui soient à la portée de leur age.

Le Vieillard.... Voici plusieurs enfans qui viennent.

Mes amis, grande nouvelle, grand plaisir! Décadi prochain vous ferez des jeux, des exercices de diverses espèces, à la course, au saut, à l'arc, à l'arbalête: il y aura un prix pour celui qui courra, qui sautera le mieux, qui sera le plus adroit; mais le beau prix, le grand prix, le plus glorieux, sera pour celui qui pendans cette année, aura donné les plus grandes preuves de docilité, d'attachement, de respect à ceux qui l'élèvent, et à ses parens.

Il y aura un prix pour celui qui aura eu avec ses camarades les mœurs les plus sociales, les plus généreuses: un autre pour celui qui aura montré le plus d'ardeur pour les vertus républicaines, qui aura le plus aproché des qualités d'un bon républicain: bonne foi, courage, desintéressement etc.

La distribution se fera devant toute la commune par les dix plus anciens pères de famille. Quelle gloire pour ceux qui obtiendront les prix donnés aux qualités du cœur!

Allons, jeunes citoyens, il faut tout préparer pour ce grand jour : les communes voisines y viendront; il faut choisir un champ qui se repose cette année, où il n'y ait aucune récolte. Vous y ferez des bancs de gazon, et tout ce qui est nécessaire.

Jérome n'a t-il pas un champ au bord de l'Allier, qui se repose cette année? Il faut lui demander, s'il veut permettre qu'on y donne la fête. Vous planterez des jalons, pour marquer l'enceinte, vous y ferez des fossés, pour les sauter; vous vous formerez en compagnies de soldats; vous nommerez vos officiers; vous placerez des sentinelles, des gardes etc. Vous vous nommerez vos juges, vos jurés, vous ferez entre vous une petite république, tout comme la nôtre.

Mais il faut savoir avant tout, si Jérome veut prêter son champ. Demandez lui à quelle profondeur vous pouvez creuser, soit pour former des fossés, soit pour avoir le terrein pour faire des bancs de gazon. Il y a des terres qui ne sont bonnes qu'à une certaine profondeur : alors ce qui est dessous gâteroit la bonne terre, si on la mêloit. Jérome doit connoître la nature de son champ : engagez le à venir causer ici avec le municipal et nous.

Les enfans vont prier Jérome de prêter son champ.

DEUXIÈME CONVERSATION.

Le Municipal... Ma foi, notre doyen, je crois que nous nous amuserons aussi de voir faire tout cela; et puis nous aurons là nos enfans, nos neveux, ceux de nos amis. Chaque parent prendra intérêt aux siens. Nous prendrons peut-être envie d'en faire autant; chacun s'amusera à essayer ses forces ou son adresse. Ordinairement les enfans veulent faire ce qu'ils voyent faire aux hommes; ici ce sont les hommes qui feront comme les enfans.

D'ailleurs ce que vous direz de bon pour eux, pourra bien profiter à plusieurs de nous. Courage, notre doyen.

L'Instituteur.... Oui, mais je ne sais pas comment je me tirerai de tout cela, moi.

Le Vieillard.... Très bien, camarade, beaucoup mieux que vous ne pensez. Vous trouverez dans le cayer que je vous remettrai, tout ce que vous aurez à dire. Vous y ajouterez bien quelque chose, ce qui vous viendra en tête. Tout est bon quand le cœur est pur. Au surplus, si vous ne voulez rien y ajouter, vous n'ajouterez rien : il y aura ce qu'il faudra.

Le Municipal.... Notre doyen, je crois que si cela s'établit, cela fera toute sorte de bien. 1.° Notre jeunesse s'amusera mieux; elle en a besoin: les décades sont longues dans nos communes de campagne. Dans les grandes villes le concours de monde aux promenades, la pompe des fêtes publiques, tout cela occupe : il y a mille choses pour le peuple, les spectacles, des chanteurs dans les places, des curiosités ; mais ce n'est pas le tout que nos frères des villes s'amusent bien, ces jours là, nous sommes dans les campagnes vingt millions auxquels il faut penser: la Convention y pense. Ceux qui habitent les villes oublient quelques fois que nous existons.

Dans les petites villes mêmes la musique, le chant, la danse peuvent suffire ; les décades sont animées par ces moyens qui attirent la jeunesse. Elle y est nombreuse, parée, brillante : tout cela fait fête ; mais dans nos villages, dans les hameaux un peu écartés, point de musique. Danser tout le jour, le peut-on ? Il y a peu de filles, encore moins de garçons. Quand les filles dansent toutes seules, elles sont bientôt lasses. Il faut animer ces fêtes, et rien de mieux que ce que vous proposez. D'ailleurs, cela n'empêche pas d'y danser.

Le Vieillard.... Au contraire la danse fera partie des jeux et des exercices du corps. Il pourroit même y avoir des prix pour celui-là ; mais je crois qu'il n'en a pas besoin.

Le Municipal.... Autrefois il y avoit des jours de danse ou de fêtes champêtres; ils étoient rares: plusieurs villages se réunissoient. Si ces jours eussent été fréquens, personne n'y auroit été. Aujourd'hui il nous faut quelque chose, et ce que vous avez imaginé fera à merveille. Cela diminuera un peu le goût du cabaret; on y va parcequ'on ne sait que faire. Notre jeunesse ne prendra plus ce penchant là, ni celui des jeux de cartes ou de dés.

Oh! Notre doyen, ceci fera grand bien de toutes les manières. Les décades seront mieux célébrées: cela est nécessaire dans nos campagnes; nous faisons plus des trois quarts de la nation.

TROISIÈME CONVERSATION.

Le Vieillard .... Voici Jérome. Hé bien, mon camarade, voulez-vous que les enfans s'amusent à courir, sauter, danser, faire l'exercice dans votre champ.

Jérome .... Oh! notre Doyen, je le veux bien; cela n'y fera pas de mal.

Le Vieillard .... Au contraire, cela y fera du bien. Ne voudriez-vous pas y avoir des moutons pour les y faire parquer? Eh bien! c'est un petit parc de moutons; ce qu'ils y porteront le fumera.

Jérome .... C'est qu'ils disent qu'ils veulent y faire des bancs de terre; peut-être des fossés pour les sauter. Ne vaudroit-il pas autant qu'ils laissassent mon champ tranquille, que de le tourmenter?

Le Vieillard .... Tout comme vous voudrez, mon camarade; mais je ne crois pas que cela y fasse du mal; je ne le proposerois pas. Je crois au contraire que cela y fera du bien; plus la terre est remuée, plus elle rend.

Mais il faut remuer chaque terre comme il lui convient. Vous direz ce qu'il faut faire pour la vôtre.

Il y avoit un bon vieux qui se voyoit près de mourir. Il avoit été toute sa vie fort travailleur; mais ses enfans étoient paresseux. Le père avoit gagné quelque bien; il craignoit que ses enfans le mangeassent. Il les fit venir avant de mourir : « Mes enfans, leur dit-il, je vais quitter ce monde ; mais je ne veux pas que mon trésor soit perdu. Il y en a un caché dans mon champ ; je ne veux pas dire où, parce que j'en réchapperai peut-être. Mais si je meurs, remuez notre champ jusqu'à ce que vous l'ayez trouvé. Que cela ne vous empêche pas après de l'ensemencer. Si vous ne trouvez pas le trésor cette année, remuez-le encore l'année d'après ; et ainsi de suite, jusqu'à ce que vous l'ayez trouvé ».

Les vieillard mourut, les enfans remuèrent le champ, ils ne trouvèrent point de trésor ; mais le champ produisit une récolte superbe. L'année suivante ils remuèrent le champ, et la nouvelle récolte fut encore superbe. Ainsi des autres ; et ce fut là le trésor qu'ils trouvèrent.

Ainsi, Jérome, si votre terre est bonne, elle en deviendra meilleure ; si elle est mauvaise, cela la bonifiera.

Jérome .... Oui, mais il y a de la mauvaise terre dessous ; en la mêlant dessus, je crains qu'elle gâte l'autre.

Le Vieillard .... En ce cas là, allez-y, et montrez-leur jusqu'où ils peuvent creuser. Je vous réponds qu'ils ne feront que ce que vous leur permettrez. Au reste, êtes-vous bien sûr que la terre de dessous gâte l'autre ?

Jérome .... Pas trop : ce sont les voisins qui me l'ont dit. J'étois enfant quand mon père mourut ; je ne l'ai pas essayé.

Le Vieillard .... Eh bien ! Jérome, j'irai dans votre champ ; j'examinerai cette terre de dessous ; je vous apprendrai quelques moyens pour reconnoître les qualités d'un terrein. S'il paroît bon, vous essaierez dans un coin ou deux de mêler ces deux terres, et vous verrez si ces deux endroits-là produiront plus ou moins que les autres. Vous avez peut-être aussi le trésor du vieillard caché dans votre champ. En le remuant, vous le trouverez. Nous irons ensemble, et je vous expliquerai tout cela devant nos petits citoyens : ce qu'ils apprendront là, leur servira peut-être un jour ailleurs.

QUATRIÈME CONVERSATION.

Le Vieillard .... Voici nos enfans qui arrivent; emmenez-les. Dites-leur comment vous voulez qu'ils fassent.

Mes amis, suivez exactement ce que Jérome vous dira. Chacun est maître de son champ; s'il vous le permet, vous ferez le long du chemin un fossé, que vous comblerez après, s'il ne veut pas le laisser.

Vous donnerez à ce fossé quarante mètres (1) de long. Il pourroit tenir sur le revers quatre-vingt personnes assises.

Vous ferez de chaque côté un banc de terre de pareille longueur : cela tiendra à-peu-près deux cents personnes assises et plus.

Vous laisserez le bout de la carrière ouvert ; vous lui donnerez environ cinquante mètres de large : ils font cent cinquante-quatre pieds.

Vous ferez d'un côté des fossés de cinq mètres, ou quinze pieds cinq pouces de long, d'un tiers de mètre de profondeur : il y aura quatre mètres de distance des uns aux autres, douze pieds trois pouces environ.

Ces quatre premiers n'auront qu'un tiers de mètre de large ; les suivans un peu plus, et ceux d'après encore plus.

Les quatre premiers serviront pour exercer les plus petits enfans, qui formeront une bande séparée ; ainsi de suite.

Silvestre, toi qui es plus grand, souviens-toi bien de tout ce que j'ai dit ; j'irai pour voir ce que vous ferez.

---

(1) Le Mètre vaut trois pieds un pouce moins demie ligne. Quarante mètres font 123 pieds deux pouces six lignes environ.

Émile, je te charge d'un autre article. Tu es industrieux; tu t'en tireras bien (1).

Le Tuilier doit couper des fagots : vous lui demanderez s'il veut nous en prêter la charge d'une charrette. Nous la lui rendrons, et nous lui paierons en outre ce qu'il estimera devoir demander.

Dis lui d'y laisser toute la feuille, sans faire les fagots, et d'avertir du jour où il les coupera. Prie-le de différer, s'il le peut, de couper cette charretée jusqu'à la veille de la décade, et de les amener dans le champ de Jérome. Là nous lui ferons ses fagots le lendemain de la décade. Il viendra les reprendre. Nous lui paierons le temps que cela lui aura fait perdre. Tu prendras avec toi quelques-uns de tes petits camarades des plus adroits.

Vous planterez ces branches feuillées en terre derrière le banc qui est au couchant, pour que le soir on y soit à l'ombre. Vous rangerez bien la feuillée ; qu'elle fasse parasol quand on sera assis. Vous lierez les petites branches avec de l'osier à des bâtons que vous mettrez en travers. Je vous montrerai.

Le banc servira pour asseoir les malades, les vieillards, les petits enfans qui ne marchent pas encore, les femmes qui les tiennent. Il faut avoir bien soin d'elles : ce sont elles qui ont soin de nous quand nous sommes petits, et quand nous sommes vieux ou malades, lorsque nous venons dans ce monde, lorsque nous en sortons. Que de services ne nous rendent-elles pas ? Et pendant que nous y sommes elles font notre bonheur, lorsqu'elles sont honnêtes et laborieuses. Conservons-les bien. Le plus fort doit toujours aider le plus foible.

Le Municipal . . . . Notre Doyen, vous venez de dire là des choses bien vraies sur les femmes. Ne ferez-vous rien pour les filles, qui doivent un jour être les compagnes des hommes ?

---

(1) Un mot d'éloge glissé naturellement, anime tous les autres.

Le Vieillard.... Oh! il y a bien des choses à dire et à faire. Nous en parlerons une autre fois.

Le Municipal... Adieu, notre Doyen; au revoir.

Le Vieillard.... Emile, tu ramasseras exactement toutes les brindilles, les feuilles mêmes qui tomberont lorsque tu feras le berceau ou parasol. Tu en feras de petits fagots bien liés : tu rendras le tout au tuilier. Ce qu'on nous prête est sacré. Il ne doit pas perdre une feuille de ce qui lui appartient; et de plus, s'il croit avoir perdu quelque chose, il faut le dédommager suivant ce qu'il estimera.

Il faut toujours que tous ceux qui traitent avec nous soient contens.

Dans des choses comme celle-ci, qui se font pour l'utilité publique, ceux qui seront aisés ne demanderont pas d'être dédommagés des petites pertes : cependant ils sont libres de le demander; s'ils le cèdent, que ce soit volontairement, on ne doit pas les y contraindre.

Quant aux habitans moins aisés, il faut toujours les dédommager, même sans qu'ils le demandent. Les aisés donnent au public; et le public doit donner à ceux qui ne sont pas aisés. Allez, mes enfans, faites exactement tout ce que je vous ai dit; et songez que désormais il y aura des prix pour toutes les qualités sociales. Habituez-vous aux vertus, elles feront votre bonheur.

CINQUIÈME CONVERSATION.

L'Instituteur.... Combien ces jeux, ces prix les animent! Comme ils sont en train, à quel point un mot bien placé les enflame! Que d'occasions ces exercices fourniront pour les habituer à tout ce qui est vertu; et quelle ardeur pour le bien naîtra de la gloire d'être loué, distingué, honoré, couronné! Mais, notre doyen, vous nous avez dit qu'il y avoit un troisième grand mobile de la jeunesse et de l'enfance : les exemples; il faut en avoir pour leur en citer.

Le Vieillard.... Il y a deux sortes d'exemples : les exemples vivans, ceux qu'ils voyent autour d'eux, et ceux qu'on leur racontera.

Quant aux premiers, on leur fera remarquer tout ce qui se fera de louable dans la commune ou dans les communes voisines. On engagera les grandes personnes, à ne donner en tout que de bons exemples. On leur dira que comme on sème on recueille : qui sème des chardons, ne peut avoir du froment. Les enfans leur rendront un jour tout ce qu'ils auront fait de mal et avec usure ; car le mal croît toujours plus aisément que le bien.

Ainsi, s'ils veulent dans leur vieillesse, dans leurs maladies, dans leurs besoins avoir des ressources, se trouver environnés d'êtres bons et vertueux, il faut qu'ils les fassent tels par leur exemple ; sinon ils en seront punis par eux. C'est le cours inévitable des choses humaines.

L'Instituteur.... Voilà qui est bon pour les exemples vivans : ceux qui ne feront pas bien se cacheront un peu plus, et plusieurs parens se piqueront de bien faire devant les enfans.

Mais quant à l'autre genre d'exemple tiré de l'histoire, qui peut fournir mille traits frappans, capables d'enflammer ces jeunes âmes, il faut les savoir.

Le Vieillard.... Ce n'est pas tout de les savoir, il faut les choisir. Ce choix demande du tact : il y en a des multitudes, il faut prendre l'élite, et dans cette élite, prendre ce qui convient le mieux à leur âge, ce qui prête le plus à la narration, ce qui va le plus droit au but qu'on se propose.

2.° Il faut les présenter à propos, dans l'ordre qui leur convient, un exemple ci-après vous fera sentir l'importance de cet article. Le premier âge ne peut prendre que du lait.

3.° Il faut les présenter d'une manière vive, frappante, capable de les agiter, d'ébranler leur ame, de leur donner une forte impulsion vers le bien.

Il faut un genre de style composé de deux choses presque opposées, simplicité, force.

Que

www.ingramcontent.com/pod-product-compliance
Lightning Source LLC
Chambersburg PA
CBHW070533050426
42451CB00013B/2986